मैं भी सोचूँ, तू भी सोच

मैं भी सोचूँ
तू भी सोच

हुल्लड़ मुरादाबादी

ओंकार बुक्स
4695/21-ए, दरियागंज, नई दिल्ली-110002

ISBN : 978-81-906350-0-4

ओंकार बुक्स

4695/21-ए, दरियागंज

नई दिल्ली-110002

द्वारा प्रकाशित

संस्करण : 2014

मूल्य : 300.00

जयभारत प्रिंटिंग प्रेस, दिल्ली-110032

द्वारा मुद्रित

ओंकार बुक्स, वाणी प्रकाशन की सहयोगी संस्था

स्वर्गीय पूज्य पिताजी की
पावन स्मृतियों को
श्रद्धांजलि स्वरूप

मान जा तदबीर पर मत नाज़ कर
शक किया वो भी खुदा पर, डूब मर
नैमते देगा मगर ये शर्त है
तू उसी के नाम से आगाज़ कर

सोचने की मजबूरी में कविताएँ

'मैं भी सोचूँ, तू भी सोच' के कवि हुल्लड मुरादाबादी मुझे पिछली शताब्दी के लगभग छठे दशक में डॉ. रमेश दत्त शर्मा के राणा प्रताप बाग स्थित मकान में मिले थे। तब वे सुशील कुमार चड्ढा थे और हास्य-व्यंग्य की एक पत्रिका, सम्भवतः 'परिहास' के प्रकाशन की योजना बना रहे थे; फिर अचानक मैंने उन्हें हुल्लड मुरादाबादी के नाम से जाना। वे हास्य कविताएँ लिखने की ओर प्रवृत्त हो गए और उस समय के अनेक हास्य कवियों के समान हास्य कवि सम्मेलन के एक अनिवार्य अंग बन गए। हालाँकि कवि सम्मेलनों के बारे में अनेक बुद्धिजीवियों की राय परस्पर विरोधी है और अनेक इन्हें कविता से शून्य भी मानने लगे हैं, फिर भी वे हो रहे हैं, बड़ी मात्रा में हो रहे हैं और हुए चले जा रहे हैं। यह बात याद रखने लायक जरूर है कि मात्र निराला, बच्चन, भगवती बाबू जैसे बड़े कवियों ने ही कवि सम्मेलनों को नहीं अपनाया अपितु नागार्जुन, भवानीप्रसाद मिश्र एवं गिरिजा कुमार माथुर जैसे प्रगति-प्रयोगशील कवियों ने भी कवि सम्मेलनों की उपेक्षा नहीं की।

एक बात और! मंच के कवियों के बारे में एक धारणा यह भी प्रचलित है कि वे अपनी गिनी-चुनी रचनाओं के बल पर बाजार में बने रहते हैं, उनके संकलन नहीं छपते। हास्य कवियों पर लतीफेबाज होने का इल्जाम लगता है, यह भी देखा गया है। मगर यहाँ भी अनेक अपवाद हैं। श्री गोपालप्रसाद व्यास, अशोक चक्रधर आदि के अलावा हुल्लड मुरादाबादी भी इन अपवादियों में शामिल हैं। उनके अब तक सात कविता संकलन छप चुके हैं। 'मैं भी सोचूँ, तू भी सोच' हुल्लड मुरादाबादी का आठवाँ काव्य संकलन है। इससे यह तथ्य तो निश्चित रूप प्रमाणित होता है कि वे मात्र मंच के नहीं, अध्ययन कक्षों के कवि भी हैं।'

कभी 'सब्र' उपनाम से शायरी करनेवाले हुल्लड मुरादाबादी ने लगता है विसंगतियों को अपनी नियति मानकर सब्र कर लिया है। यही कारण है कि उन्होंने समाज, व्यक्ति, नीति और राजनीति के साथ-साथ धर्म-सम्प्रदायों की विसंगतियों को समझकर उन पर व्यंग्य-कटाक्ष किया है। वे आत्म-व्यंग्य करने से किंचित नहीं चूकते। प्रमाण स्वरूप इस संकलन में उनकी अनेक पंक्तियाँ आसानी से मिल जाएंगी।

हुल्लड मुरादाबादी की बेबाक टिप्पणियों एवं व्यंग्य-आक्रमण का एक प्रसंग प्रायः याद आता है। गणतन्त्र दिवस के रोज नोएडा में आयोजित एक कवि सम्मेलन में उन्होंने अपनी एक ग़ज़ल का यह शेर सुनाया था :

श्रीराम अयोध्या से इंग्लैण्ड चले जाओ
सौ साल लगेंगे अब मन्दिर को बनाने में

सुनते ही मन्दिरवासियों में बौखलाहट मच गई थी। कहना होगा हुल्लड ने हंगामा मचा दिया था। तब सभी प्रबुद्धजनों ने महसूस किया था कि हुल्लड के पास कविता के मूल्य भी हैं और मूल्यवान व्यंग्य एवं कविता भी है। उनके पास कविता की सोच है और सम्भवतः इसी सोच की मजबूरी में इन कविताओं का जन्म भी हुआ है।

प्रस्तुत संकलन में छान्दिक कविताएँ यथा गीत, गजलें, दोहे और मुक्तक सभी मौजूद हैं। इनमें मुक्तछन्द की रचनाएँ भी हैं और बहुत से लतीफों को भी उन्होंने कविताई के रूप में पेश किया है। इन रचनाओं से साफ उभरता है कि कविताओं के हास्य की राख के नीचे व्यंग्य की चिंगारियाँ काफी मात्रा में मौजूद हैं जो उनकी बेबाक संवेदनशीलता का परिचय देती हैं। साथ ही इस तथ्य और जरूरत की चेतावनी भी देती हैं कि हुल्लड को अपनी सम्प्रेषणीयता के कौशल का प्रयोग करते हुए व्यंग्य का धारदार इस्तेमाल करना है, उसे उपेक्षणीय नहीं बनाना है।

कहना होगा कि 'मैं भी सोचूँ, तू भी सोच' की रचनाएँ समाज और व्यक्ति, नीति और राजनीति, अर्थतन्त्र और व्यर्थतन्त्र के अनेक पहलुओं पर चुटकी लेती हैं और सोच-विचार के लिए प्रेरित करती हैं। सोचने को मजबूर करनेवाली कविता उत्प्रेरक होती है। वह चेतना में हलचल मचाती है, वह विश्लेषण एवं आत्मविश्लेषण भी करती है। हुल्लड मुरादाबादी के पास आसान जुबान में गहरी विसंगतियों का उत्खनन कर डालने का कौशल है। वह इस कौशल के सुगढ़ प्रयोग से मंचीय कविता की खोई हुई साख को पुनः प्रतिष्ठित कर सकते हैं, ऐसा मेरा विश्वास है।

शेरजंग गर्ग

जी-34, प्रथम तल
साकेत, नई दिल्ली-110017

अनुक्रम

आम आदमी रोएगा

कोई जीते कोई हारे आम आदमी रोएगा
पहले भी भूखा सोता था, अब भी भूखा सोएगा

आम आदमी ने करगिल में अपनी जान गँवाई है
क्या तुमने नेता की अर्थी किसी युद्ध में पाई है
जिसको कोठी कार चाहिए वह क्या देश सँजोएगा
कोई जीते कोई हारे आम आदमी रोएगा

वो ही भ्रष्टाचार मिलेगा, वही ग़रीबी बेकारी
हालत ज्यों की त्यों रहनी है, क्या कर लेंगे अटल बिहारी
एक बहू तो ला न पाया, बहुमत कैसे ढोएगा
कोई जीते कोई हारे, आम आदमी रोएगा

कुछ गाँवों में जाकर देखो बिजली है ना पानी है
है अन्धा कानून यहाँ पर और व्यवस्था कानी है
घायल सड़कों के घावों को कौन मिनिस्टर धोएगा
कोई जीते कोई हारे आम आदमी रोएगा

देख देखकर अपनी डिग्री नौजवान तो रोता है
प्रजातंत्र में अब शिक्षा का मतलब आँसू होता है
आत्महत्या करके आख़िर नींद मौत की सोएगा
कोई जीते कोई हारे आम आदमी रोएगा

इस कलियुग में सच्चाई का जो भी शख़्स पुजारी है
मानवता आदर्श मानकर जिसने उम्र गुज़ारी है
भीख माँग कर ही खाएगा या फिर रिक्शा ढोएगा
कोई जीते कोई हारे आम आदमी रोएगा

इसी तरह से अगर बढ़ेगी महँगाई और बेकारी
तन ढकने को कपड़ों तक की हो जाएगी लाचारी
मजबूरी में मुफ़लिस इक दिन पहन लंगोटी सोएगा
कोई जीते कोई हारे, आम आदमी रोएगा

रामफल

छिन गए मुँह के निवाले, रामफल
इस महीने घास खा ले रामफल

निर्जला एकादशी रख चार दिन
फिर इसे आदत बना ले रामफल

बिजलियाँ आती नहीं हैं गाँव में
रात भर उपले जला ले रामफल

आज भी लाया नहीं बेटा दवा
खाँसकर कुछ दिन बिता ले, रामफल

कल रहे तू ना रहे है क्या पता?
आज ही बीमा करा ले रामफल

इन्हें अब झेलिए साहिब

ग़ज़ल ऐसे नहीं बनती, ग़मों से खेलिए साहिब
ज़रा थोड़े बरस तक और पापड़ बेलिए साहिब

यहाँ कविता सुनाने की कभी भी रिस्क मत लेना
अगर जमना है मंचों पर लतीफ़े पेलिये साहिब

हुआ क्या? बीस सालों से नई रचना नहीं लिखी
बताकर आरती उसको पुरानी पेलिए साहिब

कभी कहते चले आओ, कभी लिखते नहीं आना
यहाँ संयोजकों में दोगले भी झेलिए साहिब

सही हो काम फिर भी वो बिना पैसे नहीं होता
कभी इसको दिए साहिब, कभी उसको दिए साहिब

तरक़्क़ी राजनीति में बिना तिकड़म नहीं होती
ज़रा वो दलबदल का खेल फिर से खेलिए साहिब

हमें मालूम था क्या ये छँटे बदमाश निकलेंगे
मुसलसल पाँच सालों तक इन्हें अब झेलिए साहिब

करेंगे बात फ़ुरसत में कभी गुज़रे जमाने की
मुसीबत आज की पहले ज़हन से ठेलिए साहिब

मूर्खों की बात को

भूल जा बेशक जहाँ के हर हँसी हालात को
मौत आएगी किसी दिन, याद रख इस बात को

चार पैसे आ गए तो गालियाँ बकने लगा
इस तरह भी भूलता है आदमी औक़ात को

होंठ पर मुस्कान ओढ़ी दिल मगर ग़मगीन है
आँख कब तक रोक लेगी अश्क की बरसात को

ऊपरी थी दोस्ती हाँ इसलिए ही तोड़ दी
पत्थरों पर आज़माता क्या दिली जज़्बात को?

हादसों पर हँस रहा है मत समझ पागल इसे
ये दिखाता है अँगूठा ग़म भरे हालात को

एक जैसा जो जिया उसको फ़रिश्ता ही कहो
चार दिन की चाँदनी को या अँधेरी रात को

डर रहा हूँ जब खुदा से आदमी से क्यूँ डरूँ
अहमियत देता नहीं मैं मूर्खों की बात को

लीडरों की वो बुआ है दोस्तो

ख़ास अपनों की दुआ है दोस्तो
दर्द फिर दिल में हुआ है दोस्तो

हर युधिष्ठिर हारता है दाँव में
ज़िन्दगी ऐसा जुआ है दोस्तो

आस्तीनों में छिपा था ठाठ से
साँप ये पहुँचा हुआ है दोस्तो

पूछते हो बेइमानी कौन है?
लीडरों की वो बुआ है दोस्तो

जंगलों में ख़ाक छानी 'राम' ने
ये समय किसका हुआ है दोस्तो

सिर कभी झुकते नहीं

राह थक जाती है लेकिन कुछ क़दम थकते नहीं
मंज़िले मकसूद पर पहुँचे बिना रुकते नहीं

लोग कुर्तों की तरह ही दल बदलने लग गए
गर ज़रा ख़ुद्दार होते तो कभी बिकते नहीं

तिकड़मों की सीढ़ियों से जो बुलन्दी पर गए
चार दिन भी चोटियों पर वो कभी टिकते नहीं

फिर वही भाषण पिलाया और वो ही चुटकुले
शारदा के भक्त होते तो कभी चुकते नहीं

शायरों का सिर कटे ये बात मुमकिन है मगर
शायरों के ज़िन्दगी में सिर कभी झुकते नहीं

ख़ुद की ग़लतियाँ भी मान ले

कौन कहता है ख़ुदा को जान ले
सिर्फ़ अपने आप को पहचान ले

ग़ैर को देता रहा है गालियाँ
आज ख़ुद की ग़लतियाँ भी मान ले

बहुत मुश्किल है भुलाना दुश्मनी
मगर नामुमकिन नहीं गर ठान ले

दोस्त, दुश्मन नाटकों के पात्र हैं
ज़िन्दगी को खेल क्यूँ न मान ले?

तू अकेला तो नहीं इस जंग में
है ख़ुदा भी साथ तेरे जान ले

ऐ पड़ोसी मान जा

ग़ैर के दम पर पलेगा, ऐ पड़ोसी मान जा
खाद से उसकी खिलेगा, ऐ पड़ोसी मान जा

आर्थिक प्रतिबंध से ही टूट जाएगी कमर
लंच में आलू मिलेगा, ऐ पड़ोसी मान जा

कारगिल में पिट चुका है बाज़ ना आया अगर
तो कराची भी जलेगा, ऐ पड़ोसी मान जा

काश्मीरी वादियों में छेड़खानी बन्द कर
वर्ना ढूँढ़े ना मिलेगा, ऐ पड़ोसी मान जा

होड़ में छोड़े पटाखे कुछ जले कुछ बुझ गए
तेल बिन भजिये तलेगा, ऐ पड़ोसी मान जा

तू ज़रा फिर सोच ले

क्या तू कुदरत से भिड़ेगा? तू ज़रा फिर सोच ले
वक़्त से कब तक लड़ेगा? तू ज़रा फिर सोच ले

मिल गई खुशियाँ बहुत तो शायरी मर जाएगी
आँसुओं से क़द बढ़ेगा, तू ज़रा फिर सोच ले

मर गया पिछले जनम में छोड़कर जिस काम को
अब तुझे करना पड़ेगा, तू ज़रा फिर सोच ले

रोल तो रब ने दिया है वो भले ग़म का सही
स्वाँग तो भरना पड़ेगा, तू ज़रा फिर सोच ले

सब्र कर गुज़रे लम्हे तो आएँगे वापिस नहीं
सोचकर ग़म ही बढ़ेगा, तू ज़रा फिर सोच ले

हमको कलमा पढ़ाने लगे

पार्टी को भुनाने लगे
ये तो नारे सुनाने लगे

बेचकर लोग ईमान को
रोज़ गंगा नहाने लगे

आइना तोड़कर मंच पर
सबकी कमियाँ गिनाने लगे

खुद तो सुधरे नहीं शेख़ जी
हमको कलमा पढ़ाने लगे

दिन और प्यारे आएँगे

वक़्त पर झिलमिल सितारे आएँगे
कुछ हसीं दिलकश नज़ारे आएँगे

ग़म यहाँ मेहमान है थोड़े दिनों
क़हक़हे फिर घर तुम्हारे आएँगे

दो सहारे छिन गए तो क्या हुआ?
फ़िक्र मत कर सौ सहारे आएँगे

ज़िन्दगी में दुख मिलें तो झेल जा
एक दिन सुख ढेर सारे आएँगे

शक नहीं कर क़ुदरती क़ानून पर
कर यक़ीं दिन और प्यारे आएँगे

कश्तियाँ तूफ़ान में हैं आज तो
'सब्र' रख कल ही किनारे आएँगे

मान जा कहना मेरा

सब ख़ुदा के कर हवाले, मान जा कहना मेरा
बीच से ख़ुद को हटा ले, मान जा कहना मेरा

वो तुझे ज़रिया बनाकर, जो कराए वो ही कर
चाहतें अपनी मिटा ले, मान जा कहना मेरा

रह गई कोई कमी शायद तेरी तदबीर में
ज़ोर फिर से आज़मा ले, मान जा कहना मेरा

खोज रोटी की बड़ी है उस ख़ुदा की खोज से
भूख को पहले मिटा ले, मान जा कहना मेरा

छोड़ दे ज़ुल्मो सितम को आह करती है असर
छीन मत मुँह से निवाले, मान जा कहना मेरा

बन्द कर दे हरकतें ये याद रख इस वक़्त ने
कान सबके काट डाले, मान जा कहना मेरा

सोचता है साज़िशों से खत्म कर देगा मुझे
ये ग़लतफ़हमी मिटा ले, मान जा कहना मेरा

क्या ज़माना आ गया?

छिन गए मुँह के निवाले, क्या ज़माना आ गया
भीख का कासा उठा ले क्या ज़माना आ गया

देखकर उपलब्धियों को लोग कुछ कुढ़ने लगे
छापकर पत्थर उछाले, क्या ज़माना आ गया

बन्दरों के हाथ में ही आजकल हैं उस्तरे
बच सके तो सिर बचा ले, क्या ज़माना आ गया

मुफ़लिसी इतनी बढ़ी कि गीत के दो संकलन
रद्दियों में बेच डाले क्या ज़माना आ गया

मन हुआ जब पंछियों का उड़ चले आकाश में
पर किसी ने काट डाले, क्या ज़माना आ गया

बिजलियाँ ही गुल करा दीं नाम जब मेरा बुला
इस तरह बदले निकाले, क्या ज़माना आ गया

मैं भी सोचूँ तू भी सोच

टूट गई क्यों तुझसे यारी, मैं भी सोचूँ तू भी सोच
क्यों इस दिल पर गोली मारी, मैं भी सोचूँ तू भी सोच

जिस पर हमको नाज़ बहुत था वो शामिल था साज़िश में
किस लालच में की ग़द्दारी, मैं भी सोचूँ तू भी सोच

मेरे घर में आग लगाकर, शायद इतना भूल गया
पहुँचेगी तुझ तक चिनगारी, मैं भी सोचूँ तू भी सोच

ग़म ज्यादा थे आँसू थोड़े क्या करता क्या ना करता
किश्तों में है रोना जारी, मैं भी सोचूँ तू भी सोच

फोन किया जब छपी बुराई तारीफ़ों पर मौन हुए
यार मेरा निकला सरकारी, मैं भी सोचूँ तू भी सोच

मैंने तो दुख सहन कर लिया, लेकिन उस दिन क्या होगा
जब आएगी तेरी बारी, मैं भी सोचूँ तू भी सोच

हमने घायल होते देखे अच्छे अच्छे मंसूबे
वक़्त चला देता है आरी, मैं भी सोचूँ तू भी सोच

ग़र तुम मुझको ग़म ना देते कैसे बनती ये ग़ज़लें
आँसू पीकर भी आभारी, मैं भी सोचूँ तू भी सोच

जितने पाप किए थे मैंने, रब के आगे मान लिए
तेरी तू जाने बनवारी, मैं भी सोचूँ तू भी सोच

मिल जाएगा दोनों को ही जो लिखा है क़िस्मत में
फिर काहे की मारा-मारी, मैं भी सोचूँ तू भी सोच

मौत से भी प्यार करने का

बहाना ढूँढ़ता हूँ इश्क़ के इज़हार करने का
दिलों को एक करने का, निगाहें चार करने का

सुनहरी शाम में उस हुस्न के दीदार करने का
मज़ा कुछ और ही है मुम्बई में प्यार करने का

किसी का हट मरे कहना हजारों हाँ पे भारी था
बहुत भाया है दिल को ढंग ये इनकार करने का

पसीने से धुला मेकअप हसीना बन गयी बुढ़िया
नतीजा गर्मियों में मिल गया शृंगार करने का

दुबारा कब मिलोगी तुम? सुना तो रूपसी बोली
हमें क्या शौक़ है कोई समय बेकार करने का

बला थी एक ही काफ़ी मगर वो दो उठा लाए
सही नुस्ख़ा है अपने आपको बीमार करने का

तुम्हारी ज़िन्दगी में मस्तियाँ ही मस्तियाँ होंगी
सलीक़ा आएगा जब मौत से भी प्यार करने का

फ्रीडम फाइटर्स

एक मित्र ने पूछा,
"हुल्लड़ जी
फ्रीडम फाइटर्स को तो
अपने देश से बहुत प्यार है
उनके बारे में
आपका क्या विचार है"
मैंने कहा ज़्यादातर
सियासत की बाढ़ में बह गए हैं
फ्रीडम फाइटर्स में से
फ्रीडम शब्द तो ग़ायब हो गया है
अब तो सिर्फ
कुर्सी के लिए
लड़ने वाले फाइटर्स
रह गए हैं।

कवि और श्रोता

एक कवि के यहाँ
एक श्रोता फँसा
पहले तो कवि उसे देखकर हँसा
फिर उसे दया आई
उसने फ़ौरन दो कप चाय मँगाई
ख़ुद भी पी
और उसे भी पिलाई
उसके बाद कवि जी मूड़ में आए
और उन्होंने दो घंटे में बाईस गीत
और पच्चीस मुक्तक सुनाए
श्रोता ने जाने के लिए
क़दम बढ़ाया
तो पीछे खड़े
पहलवान का आदेशात्मक स्वर आया
उठने की कोशिश बेकार है
वहीं बैठे रहिए
श्रोता ने पूछा, "आप कौन हैं?"
उत्तर मिला हम तो कवि जी के नौकर हैं
इसी बात की तनख़्वाह पाते हैं
जबरदस्ती गीत और मुक्तक सुनवाते हैं
और जब सुननेवाला बेहोश हो जाता है
तो उसे अस्पताल पहुँचाते हैं
श्रोता ने कहा, "दो घंटे और

सुनता रहा तो
मेरे तो प्राण पखेरू उड़ जाएँगे
पहलवान की आवाज़ आई
''कवि जी पूरा कलाम नहीं सुनाएँगे
तो यह मर जाएँगे''
श्रोता रोते हुए बोला ''अब आज्ञा दीजिए
हम अपने घर जा रहे हैं''
पहलवान बोला ''आप अभी से घबरा रहे हैं
इनके पिताजी भी कवि हैं
इसके बाद वो आ रहे हैं''

एक कहाँ है?

बैरा कॉफी का कप लाया
थोड़े से कुछ घूँट चढ़ाकर
मैंने अपना मूड़ बनाया
और लगा तुकबन्दी करने
तभी अचानक निद्रा टूटी
और क़लम में ब्रेक लग गया
ऐसा लगा कि जैसे कोई
लिटरेचर में टाँग अड़ाने
नई नई पी.एच.डी. लेकर
आलोचक अवतरित हुआ हो
आँख फाड़कर देखा मैंने बात सत्य थी
आलोचक के रूप में मक्खी
मेरे कप में घुसी हुई थी
प्याले के इंग्लिश चैनल में
मिहिरसेन सी तैर रही थी
मुझको यूँ प्रतीत हुआ कि
भारतीयता और सभ्यता की आँखों में
धूल झोंककर
जीवन के सब आदर्शों को फूँक-फाँककर
फैशन की एक दियासलाई
कनाट प्लेस किन्नरियों टाइप कोई कन्या
न्यू देहली के किसी टैंक में
बे नकेल सी तैर रही हो

मैंने बैरे को बुलवाया
और डाँटकर कहा महाशय
नहीं देखते इसमें क्या है 'जीवित मक्खी'
बैरे ने प्याली ने झाँका
मेरी कही बात को आँका
फिर यूँ बोला साँस खींचकर
आश्चर्य है बाबू जी यह
ऐसा कभी नहीं हो सकता
जब मैं प्याली भरकर लाया
तब तो इसमें दो मक्खी थीं
एक कहाँ है?

उधार माँगनेवाले हैं

हमारा एक मित्र
मुरादाबाद से मुझसे मिलने
मुम्बई आया
मैंने उसे चाय पिलाई
नाश्ता कराया
और जब पान खिलाने के लिए
चौराहे पर लाया
तो चारों तरफ़ की दुकानों से
लोग कर रहे थे
मुझे नमस्कार, नमस्कार, नमस्कार
दस बीस नमस्ते तो वो झेल गया
उसके बाद बोला, "यहाँ आकर तो बड़े
पॉपुलर हो गए हो यार
इसे कहते हैं मुम्बई वालों का हिन्दी कविता के प्रति प्यार"
मैंने कहा आपको ग़लतफ़हमी है
कि ये मेरी कला के मतवाले हैं
बेटे यह सब अपना उधार माँगने वाले हैं

ग़लतफ़हमी

एक लड़की को मैं
हिन्दी पढ़ाता था
रोज़ उसके घर जाता था
उसके नयनों का ऐसा था ताना बाना
कि कहीं पर निगाहें कहीं पर निशाना
यूँ तो कमल की पाँखें थीं
पर आड़ी-तिरछी आँखें थीं
एक दिन उनसे पूछा सर मेरी आँखें
ऐश्वर्या राय से मिलती है ना?
मैं चुप हो गया
दूसरे दिन जब गया तब भी यही सवाल
मैंने सोचा अगर सच कह दिया तो ट्यूशन
छुट जाएगी प्यारेलाल
मगर तीसरे दिन भी जब उसने मुझसे यही पूछा
मेरी आँखें?
मैंने कहा अरी कन्या मेरा उत्तर सुनकर
तू गुस्से से जलेगी
जब तेरी एक आँख ही दूसरी आँख से नहीं मिलती
तो भला ये दोनों ऐश्वर्या राय से
कैसे मिलेंगी?

वास्तविक विश्वसुन्दरी

हम भारत के लोग
ऐश्वर्या राय, लारा दत्ता, सुष्मिता सेन और
युक्तामुखी के गुण तो गाते हैं
विश्वसुन्दरी प्रियंका चोपड़ा के स्वागत में
पलक पाँवड़े बिछाते हैं
पर ऐसे समय में मल्लेश्वरी को भूल जाते हैं
मुझे इसी बात का ग़म है
वो भले ख़ूबसूरत न हो
पर भारत के लिए सिडनी से
एकमात्र कांस्य पदक
जीतकर लाने वाली वो महिला
कौन सी विश्वसुन्दरी से कम है

एक भिखारी से इंटरव्यू

भिखारी कह रहा है
मेरा नाम बनवारी है
और बन्दा दुनिया का सबसे बड़ा भिखारी है
मैं पहला भिखारी हूँ
जिसकी इंटरनेट पर बेवसाइट है
मेरा फ्यूचर ब्राइट है
मेरा बेवसाइट एड्रेस है
www.भिखारी इंडिया डॉट कॉम
और तार का पता है
'कटोरा' गोरेगाँव गोकुलधाम
अपना मोबाइल फोन नम्बर
मुझे आपसे छुपाना पड़ेगा
क्योंकि अगर आपने मुझे फोन किया
तो बिल तो मुझी को चुकाना पड़ेगा
मैं क्रिकेट खिलाड़ियों की तरह
रिश्वत के नोट नहीं खेंचता हूँ
मैं भिखारी ज़रूर हूँ
पर अपना ईमान नहीं बेचता हूँ
ये लोग देश के सम्मान को सूली पर
टाँग रहे थे
सब कुछ होते हुए भी
भीख माँग रहे थे
मैंने एक बैनर बनवाया है

जिस पर लिखाया है
मुझसे सम्पर्क न करे
कोई सटोरियों का नेता
क्योंकि मैं
भिखारियों से भीख नहीं लेता

और कुत्ता मर गया

कल शाम चौराहे पर
एक अर्थी जा रही थी
अर्थी के पीछे हज़ारों लोगों की भीड़
परेड करती हुई क्यू में आ रही थी
क्यू के आगे एक आदमी
कुत्ता लेकर चल रहा था
आने जाने वालों को बहुत खल रहा था
कुत्ते के गले में फूलमाला लटक रही थी
उसी समय हुल्लड़ मुरादाबादी नामक आत्मा
सड़क पर भटक रही थी
आत्मा ने आगे के आदमी से पूछा भाई साहब
ये किस लोकप्रिय इन्सान की अर्थी जा रही है?
इसके पीछे तो हज़ारों लोगों की भीड़ परेड करती
हुई क्यू में आ रही है
वह आदमी बोला यह अर्थी तो एक दलबदलू नेता की है
पर भीड़ कुत्ते की वजह से है
मैंने कहा, श्रीमान
कुत्ते का इतना सम्मान?
वो बोला, वो लोग जो हमसे वोट माँगने आते हैं
करैक्टर के मामले में कुत्तों से बहुत पीछे रह जाते हैं
कुत्ते शहीदों के ख़ून से सींची हुई इस धरती पर
जात-पाँत का ज़हर नहीं फैलाते
कुत्ते अलीगढ़ और मुरादाबाद में

साम्प्रदायिक दंगे नहीं करवाते
भाई साहब आप मेरी बात पर
चौंक रहे हैं
इस देश के स्वार्थी नेता
कुत्तों से ज़्यादा भौंक रहे हैं
आज का एक भ्रष्ट विधायक
दस बीस लाख में बिक जाता है
कुत्ते को अगर बेच भी दे तो वह
इतना वफ़ादार होता है कि पिछले मालिक
के पास लौट आता है
तब तो बड़े काम का कुत्ता है
चार छह दिन के लिए मुझे भी चाहिए
वो बोला, आप लाइन देख रहे हैं न
आप भी लाइन में आ जाइए
हमने कहा हम लाइन में नहीं आएँगे
ये बताइए जो लोग क्यू में आ रहे हैं
कुत्ते का कितना दाम लगा रहे हैं? वह बोला 'चार हज़ार'
हमने कहा पाँच हजार दिलवाएँगे
पर कुत्ते को मुम्बई ले जाएँगे
पाँच हज़ार में सौदा पट गया मैं कुत्ते को लेकर मुम्बई गया
पहुँचते ही अपनी पत्नी को
खलनायिका पायल को कुत्ते से कटवाया
लेकिन थोड़ी ही देर बाद मैं आश्चर्य से भर गया
पत्नी तो ब्यूटी पार्लर चली गई
और कुत्ता मर गया

जोक सुनो भई जोक

चिन्ता की चिन्ता मत करना
चिन्ता चिता समान
जो तुझको आँसू देता है
उसको दे मुस्कान
हँसी है ऐसी चीज़ कि जिस पर
कहीं नहीं है रोक
जोक सुनो भई जोक

(1)

दूल्हा जब घोड़ी चढ़ा, बोले रामदयाल
हुल्लड़ जी बतलाइए, मेरा एक सवाल
मेरा एक सवाल, गधे पर नहीं बिठाते
दूल्हे राजा घोड़ी पर क्यों चढ़कर आते
कह हुल्लड़ कविराय ब्याह की रीति मिटा दें
एक गधे को गधे दूसरे पर बिठला दें
जोक सुनो भई जोक

(2)

मंडप में कहने लगी, मुझसे मिस दस्तूर
लड़की की ही माँग में, क्यों भरते सिन्दूर
क्यों भरते सिन्दूर आदमी बच जाते हैं

ये भी अपनी माँग क्यों नहीं भरवाते हैं
कह हुल्लड़ यदि सभी आदमी माँग भराते
दुनिया भर के गंजे सब क्वारे रह जाते
जोक सुनो भई जोक

(3)

धीरे से कुछ कान में, बोले लालू लाल
नौ बच्चों ने हर लिए, सर के सारे बाल
सर के सारे बाल, आप तरकीब बताएँ
और नहीं ये बच्चे जिससे बढ़ने पाएँ
मैंने उनसे कहा, जनम पर रोक लगा लो
लालू जी तुम रबड़ी से राखी बँधवा लो
जोक सुनो भई जोक
मैं रिटेल में नहीं सुनाता, सुना रहा हूँ थोक

(4)

लंगड़ी मुर्ग़ी देखकर, ग्राहक था हैरान
पीस डिफेक्टिव क्यों मुझे देते हैं श्रीमान
देते हैं श्रीमान इसे वापिस ले जाओ
इसके बदले चार टाँग की मुर्ग़ी लाओ
मालिक बोला, "क्या उससे रोमांस करेंगे?
खाएँगे या मुर्गी के संग डांस करेंगे
जोक सुनो भई जोक

(5)

एक बांगडू को दिखी, बिस्कुट की दूकान
सोचा कुत्ते के लिए, ले लें कुछ सामान

ले लें कुछ सामान अरे ओ बिस्कुट दाता
मिल जाएँगे बिस्कुट जिनको कुत्ता खाता
विक्रेता ने कहा क्यों नहीं मिल जाएँगे
यहीं खाएँगे आप या घर ले जाएँगे

(6)

समय विदा का आ गया, दुल्हिन चली ससुराल
रोती सखी सहेलियाँ, बहुत बुरा था हाल
बहुत बुरा था हाल, बहन नाज़ों से पाली
दुख मत देना उसे कहे जीजा से साली
जीजा बोला क्यों रोती हो मेरी साली प्यारी
जैसी बहन तुम्हारी है यह वैसी बहन हमारी

मच्छरों से कम नहीं होते

है ऐसा कौन जिसकी ज़िन्दगी में ग़म नहीं होते
मुझे वो ज़ुल्फ़ बतलाओ कि जिसमें ख़म नहीं होते

अकेले तो नहीं हो तो तुम यहाँ पर दर्द के मारे
मुझे इक घर तो दिखलाओ जहाँ मातम नहीं होते

पता अपना नहीं जिनको किसी को क्या मिटाएँगे
जिन्हें ख़ौफ़े–खुदा होगा उन्हें ये भ्रम नहीं होते

गए क्यों दोस्तों के घर जिगर के ज़ख़्म दिखलाने
कि रहते हों जहाँ क़ातिल वहाँ मरहम नहीं होते

कभी बैसाखियों से मंज़िलें मिलती नहीं हमदम
सहारे कुछ दिनों के हैं कि ये हरदम नहीं होते

तुम्हारा ख़ून चूसेंगे तुम्हीं से वोट माँगेगे
कि नेता आजकल के मच्छरों से कम नहीं होते

कुछ मुक्तक

(1)

कि पैसे से कभी भी प्यार की हस्ती नहीं मिलती
कि इसका मोल महँगा है कभी सस्ती नहीं मिलती
हमारी बात मानें तो नशे से दूर ही रहिए
शराबों से कभी भी भीतरी मस्ती नहीं मिलती

(2)

ये किसने कह दिया तुमसे कि हम पीते पिलाते हैं
सुहानी शाम ढलते ही नशे में डूब जाते हैं
सफ़र यह रेलगाड़ी का थकाता है हमें अक्सर
कि हम दारु नहीं पीते थकानों को मिटाते हैं

(3)

बहुत से काम हैं जो चाहकर हम कर नहीं सकते
हमें मरने की इच्छा है मगर हम मर नहीं सकते
कभी प्रारब्ध रोकेगा कभी ये भाग्य टोकेगा
कटे हों पंख जिनके वो उड़ानें भर नहीं सकते

कुछ दोहे

सूरज प्रतिदिन ढलेगा हो जाएगी रात
पहुँचों चोटी पर मगर, मत भूलो औकात
नहीं तो पछताओगे
सड़क पर आ जाओगे

चाहे तो व्यवहार से जाँच लीजिए आप
एक कृतघ्नी मित्र से अच्छा होता साँप
रोज तो न काटेगा

वह नर बहुत महान हैं लेते रोज़ उधार
लेकर लौटाते उन्हें बार-बार धिक्कार

आधुनिक विद्यार्थी, जब होटल में आय
चाय एक प्याला पिए, चम्मच तीन चुराय

कुछ और दुमदार दोहे

टी.वी. चैनल को गए, इस युग में सरताज
नहीं निकलता आदमी, घर से बाहर आज
पैर में मोच हो जैसे

रिश्ते, नाते, मित्रता, सामाजिक सदभाव
काव्य कला संगीत की डूब रही है नाव
टी.वी. देखनेवाले
किनारे इसे लगा लो

हो सस्पैंसी सीरियल सच मानो उस वक़्त
आ जाए मेहमान तो लगता है कमबख़्त
कहाँ से ये आ टपका

बिना दुम के दोहे

कौन समझता है यहाँ सही काव्य का मर्म
बस शब्दों से खेलना, हुआ कवि का कर्म

है भावों से बेख़बर, नहीं छन्द का ज्ञान
जो जम जाए मंच पर वह है कवि महान

सत्ता की चमचागिरी, चीख़ों का उद्घोष
ओजस्वी कवि हो गया, बिन ताली बेहोश

कर्म किया फिर भी हुआ, अगर तुझे नुकसान
कहिए अपने आप से, हरि-इच्छा बलवान

यश, वैभव के साथ ही, जब पाओ सम्मान
समझ हरि की कृपा है तुझ पर ऐ इन्सान

दुमदार दोहे

दुख की काली रात से, होना नहीं अधीर
कब तक फूटी रहेगी, ये तेरी तकदीर
जल्द वो दिन आएँगे
सितारे चमक जाएँगे

ज़रा ज़रा सी बात पर हो मत ग़म से चूर
क़ुदरत का हर फ़ैसला, हँसकर कर मंज़ूर
पुरानी आदत छोड़
नाक भौं नहीं सिकोड़

तन, मन, धन की शक्ति से, करते रहो प्रयास
चाहे जैसा फल मिले होना नहीं उदास
भले वो काशीफल हो

आज़ादी

आज़ादी के वास्ते हर पीड़ा ली झेल
उसी जगह का नाम है अंडमान की जेल
अंडमान की जेल, यही है काला पानी
लिखी गई थी जहाँ क्रान्ति की अमर कहानी
कहता है कवि 'सब्र' जेल में उम्र बिता दी
भारत को इन वीरों ने ही दी आज़ादी

मंच का कवि

क्यों बे मंच के कवि
लगता है तेरा दिमाग़ ख़राब हो गया है
तुझे ग़लतफ़हमी है
कि तू लोगों के दिलों को
छूने में कामयाब हो गया है
सुना है तू आजकल
मुफ़लिसों की फ़ाकाकशी पर
जमाखोरों की क्रूर हँसी पर
कविता बनाने लगा है
तुझे मजदूर के पसीने में
सुगन्धित इत्र का मज़ा आने लगा है
गोष्ठी तक तो ठीक था
पर तू तो इन्हें कवि सम्मेलनों में भी
सुनाने लगा है
याद रख ज़्यादा गहराई में जाएगा
तो मंच पर नज़र नहीं आएगा
इस चीख़ पुकार रस के सामने
तेरी ग़ज़ल के शे'र
रंग नहीं जमा सकते
तेरी आत्मा की आवाज़ से
निकले हुए यह गीत
तुझे दो वक़्त की रोटी भी
नहीं खिला सकते

बहक मत तू मंच का कवि है
तुझे ज़िन्दगी के फ़लसफ़े से
क्या लेना देना
संयोजक नाराज हो गया तो
फिर मुझसे मत कहना
इसलिए अपनी औक़ात पे आ
ज़्यादा भाव मत खा
सिर्फ हास्य रस सुना
मजमा जमा
लिफाफा ले और अपने घर जा

और चमकेगा सितारा

बेरुख़ी से कर लिया हमसे किनारा
क्या मुक़द्दर छीन लोगे तुम हमारा
कोशिशें जितनी मिटाने की करोगे
देख लेना और चमकेगा सितारा
तिकड़मों से क़िस्मतें मिटती नहीं हैं
वक़्त पर तुमको मिलेगा हक़ तुम्हारा
साज़िशों से तुम मुझे बरबाद करते
पर ख़ुदा को था नहीं बिलकुल गवारा
लग रहा है मौत को तुम भूल बैठे
याद उसकी मैं दिलाता हूँ दुबारा
घाव अपने तुम दिखाओ मत दिखाओ
दाँव उलटा पड़ गया अबके तुम्हारा

तू ज़रा फिर सोच ले

हास्य कवियों से भिड़ेगा, तू ज़रा फिर सोच ले
दाँव ये भारी पड़ेगा, तू ज़रा फिर सोच ले

साज़िशों से शायरी मिटती नहीं है
क्या मुझे कहना पड़ेगा, तू ज़रा फिर सोच ले

गीत तो तुमने दिए थे हो गयी वो ग़ैर की
उम्र भर रोना पड़ेगा तू ज़रा फिर सोच ले

शारदा माँ दंड देंगी कल नहीं परसों सही
वो भुगतना ही पड़ेगा तू ज़रा फिर सोच ले

चोरनी को मंच पर धन तो मिलेगा
यश नहीं पल्ले पड़ेगा तू ज़रा फिर सोच ले

तो बुरा मान गए

आइना उनको दिखाया तो बुरा मान गए
एक्सरे सामने आया तो बुरा मान गए

सो रहे थे नींद गहरी देश के ये सांसद
सर पे पानी जो गिराया, तो बुरा मान गए

उनकी हर रात गुज़री है हो दिवाली जैसे
हमने एक बल्ब जलाया तो बुरा मान गए

फिर सड़क पर लाएगा

वक़्त तो इक आइना है असलियत दिखलाएगा
शहंशाहों को महल से फिर सड़क पर लाएगा

हौसला जिसको मिला है दर्द को पी जाएगा
रोएगा खुद पर, ठहाके आपको दे जाएगा

नीम जो बोता रहा है दोस्ती के नाम पर
उम्र भर लंचो-डिनर में वो करेले खाएगा

प्रश्न पूछा मास्टर से क्लास में इक छात्र ने
मास्टर जी ये विरप्पन मूँछ कब मुँड़वाएगा

आदमी होकर रहे तू तब तलक तो ठीक है
गर खुदा बनने लगा तो ख़ाक में मिल जाएगा

ज़िन्दगी तुझको मिली है काम करने के लिए
खाट पर लेटा रहा तो टाट पर मर जाएगा

नाक जब मेरी कटी तो दी थी मैंने बद्दुआ
एक दिन ये लक्ष्मण भी नाक को कटवाएगा
(सूपर्णखा कह रही है)

मैच फिक्सिंग में फँसोगे गर जडेजा की तरह
ब्याह में पी.एम. तुम्हारे गिफ़्ट लेकर आएगा

हक़ कभी छिनता नहीं है साज़िशों से ग़ैर की
जो तुम्हारा है तुम्हें वो एक दिन मिल जाएगा

ये करेगा वो करेगा सोचता है आदमी
पर उसे करना पड़ेगा ज़ो समय क़रवाएगा

दोस्तों का क्या भरोसा छोड़ दें कब राह में
मंज़िलों तक साथ तेरे बस ख़ुदा ही जाएगा

हो दिवाली या के होली, हम सफ़र में ही रहे
हर बड़ा त्योहार कवि को ज़ख़्म देकर जाएगा

आपने राखी बँधा ली किन्तु क्या सोचा कभी
हाथ सूना सैनिकों को किस कदर तड़पाएगा

वक़्त सम्पादन करेगा आपके हर काम का
कट-कटा कर जो बचेगा, भाग्य वो कहलाएगा

रब भले बरबाद कर दे, 'सब्र' की ये ज़िन्दगी
दुश्मनों के चाहने से कुछ नहीं हो पाएगा

ज़रूरत क्या थी?

आइना उनको दिखाने की ज़रूरत क्या थी
वो है बंदर ये बताने की ज़रूरत क्या थी

वक़्त ने दे दी सज़ा अब उम्र भर हिलते रहो
मैच को फिक्स कराने की ज़रूरत क्या थी?

कि चव्वन रन बनाने थे तो घर पर ही पड़े रहते
शारजा आपको जाने की ज़रूरत क्या थी?

दोस्त जंगल में गया हाथ गँवाकर लौटा
शेर को घास खिलाने की ज़रूरत क्या थी?

और भी स्त्रोत थे माया कहीं से धन उड़ा लेती
ताज पर गाज गिराने की ज़रूरत क्या थी?

टौस जीता था मगर कैश कर पाये नहीं
गांगुली उनको खिलाने की ज़रूरत क्या थी?

जब पता था पूंछ सीधी हो नहीं सकती
आगरा उनको बुलाने की ज़रूरत क्या थी?

एक शायर ने ग़ज़ल की जगह गाली पेली
उसको दस पैग पिलाने की ज़रूरत क्या थी?

रद्दी में बिक जाएगी

ख़बरों पर लिक्खी रचनाएँ, कितने दिन टिक पाएँगी
हमने माना काव्य मंच पर ये रोटी सिक जाएगी
इनकी उम्र बहुत थोड़ी है लिखकर रख लेना चाहे
अख़बारों की तरह एक दिन रद्दी में बिक जाएँगी

आज़मा के देख ले

पत्थरों का रख कलेजा, मोम के जैसा नहीं
मुम्बई में तब टिकेगा आज़मा के देख ले
हिम्मतें जो हार बैठा, क्या बचा फिर पास में
चार कौड़ी में बिकेगा, आज़मा के देख ले

अपने जैसा बनाकर छोड़ूँगा

मैंने एक दिन
हास्य व्यंग्य के सुप्रसिद्ध गंजे कवि
मधुप पांडे से मुम्बई में मूड़ में आकर कहा
"क्यों न किसी दिन किसी हसीना से
इश्क़ का इजहार किया जाए
उसकी निगाहों से अपनी निगाहों को
चार किया जाए"
मधुप बोले, "हुल्लड़ क्यूँ तू मुझे
बेवकूफ बनाता है?
तेरी निगाहें चार कैसे होगी?
तू तो चश्मा लगाता है
तीन तीन बच्चों का पापा
और इस बुढ़ापे में करने चला है
इश्क का सियापा
हम तुझे समझाते हैं
और तुझे सुधारने के लिए
तेरा ही शे'र तुझे सुनाते हैं
"मत करो बुढ़ापे में इश्क की तमन्नाएँ
क्योंकि फ्यूज बल्बों में बिजलियाँ नहीं होती"
इसलिए प्यारेलाल
अपने आप को सँभालो
फिर भी जूते खाने का शौक़ हो तो
इश्क़ लड़ा लो
पर मरहम पट्टियाँ एडवांस में मँगा लो"

मैंने जवाब दिया
"उम्र का इस जिस्म से रिश्ता नहीं
इश्क़ का ये ही बयाँ है साथियों
पेट बाहर आ गया तो क्या हुआ
आज भी हुल्लड़ जवाँ है साथियो"
मधुप बोले, "ठीक है आप शौक से इश्क़ फ़रमाएँ
पर पिटवाने के लिए अपने साथ मुझे न ले जाएँ"
मैंने कहा, "मधुप जी कैसी बातें कर रहे हैं
आप तो गंजे होकर भी डर रहे हैं
आपका तो कोई
बाल भी बाँका नहीं कर सकता
बाल होंगे तभी तो बाँका करेगा?
आप जैसे अमरीशपुरी का
कोई क्या करेगा?
जितनी देर आप पर जोर आज़माएगा
अपुन मौका देखकर भाग जाएगा"
मधुप जी बोले,
तू भागने की बात करता है
मेरे साथ विश्वासघात करता है
तू अच्छी तरह जानता है
कि मुझसे तो अच्छी तरह से
चला भी नहीं जाता
मेरा क्या होगा कालिया?
मधुपजी ने कहा, "तुम वहाँ से तो
बच निकलोगे
पर मैं तुम्हें नहीं छोड़ूँगा
अगर मेरे शरीर पर
एक भी खरोंच आ गई तो
तो तुम्हें भी
अपने जैसा
गंजा बनाकर छोड़ूँगा

भैंसें लगे चराने लोग

कितने हुए सयाने लोग
लगे देश को खाने लोग
घाव दिए फिर हाल पूछने
बैठे हैं सिरहाने लोग
जुल्म देखकर नज़र घुमा ली
ऐसे हुए जनाने लोग
क़लम बेचकर तमगे पहनो
आते हैं समझाने लोग
कौन यहाँ पर टिका हमेशा
सब हैं आने जाने लोग
जब मन्त्री पद चला गया तो
भैंसें लगे चराने लोग

मोबिल आयल फोन

हमारी श्रीमती जी ने
एक दिन हमसे कहा, हमें एक
मोबिल आयल वाला फोन ला दीजिए
मैंने कहा, ला दूँगा पहले आप अपना
उच्चारण तो ठीक कीजिए
यह शब्द मोबिल आयल नहीं 'मोबाइल' है
वो बोली, हमारे अंग्रेजी बोलने का
अलग ही सिटाइल है
मैंने कहा पूरी कर दूँगा फ़रमाइश तुम्हारी
पर तुम उसका करोगी क्या? मेरे तीन बच्चों की महतारी
वह बोली, शायद आपको मालूम नहीं है
कि मैं नींद न आने की पेटेन्ट हो गई हूँ
पाँच दस फ़ीसदी नहीं पूरी हन्ड्रेड परसैंट हो गई हूँ
पूरी रात जागती रहती हूँ
ड्राइंग रूम से पेंटिंग रूम तक भागती रहती हूँ
मैं आपकी अनुपस्थिति में
अपने आपको बोर नहीं होने दूँगी
जब मैं नहीं सो सकती तो
सहेलियों को कैसे सोने दूँगी?
एक दिन बोलीं
सुना है नया मलेरियम आएगा
और भारत के अधिकांश लोगों को
मलेरिया हो जाएगा

मैंने कहा वह शब्द
मलेरियम नहीं मिलेनियम है
वह बोली, यह मरा कौन सा मलेरियम से कम है
वहाँ भी बाद में यम था यहाँ भी बाद में
यम है

ढोलवती एंड पोलवती

ढोलवती की छोटी लड़की
पोलवती का क़िस्सा सुनिए
क़िस्सा तो है काफ़ी लम्बा
उसका पहला हिस्सा सुनिए
उस लड़की की सूरत
बिलकुल कलियों जैसी
आदत पर छिपकलियों जैसी
फैशन की वो एफिल टावर
शृंङ्गारों में पद्मश्री थी
होलसेल में इश्क़ लड़ाना
उसकी हॉबी में शामिल था
इसी वजह से लड़के उसको
मिस दिल फेंक कहा करते थे
पोलवती के पीछे-पीछे
प्राणी फिरते मारे मारे
ज्यों वोटर के पीछे नेता
नेताजी के पीछे मोटर
मोटर जी के पीछे झंडा
झंडे जी के पीछे पीछे
चंद फालतू और पालतू
पूँछ हिलैय्या
हाँ हाँ भैय्या
कहनेवाले

नारे वाचक, निपट निरक्षर एण्ड निखट्टू
सबके सब भाड़े के टट्टू
यानी चमचे
पोलवती थी बहुत कांइयाँ
रोज़ योजना समझाती थी
यहाँ मिलूँगी
वहाँ मिलूँगी
लेकिन झाँसा दे जाती थी
कहती कुछ थी
करती कुछ थी
पाकिस्तानी गवरमैंट थी
एक बात थी लेकिन उसमें
धर्म कर्म की पक्की थी वह
गीता रोज़ पढ़ा करती थी
वासांसि जीर्णति यथा विहाय
जैसे मानव कपड़े बदले
और आत्मा तन को बदले
उसी तरह से वो हर हफ़्ते प्रेमी नया बदल देती थी
लेकिन परसों मैंने देखा
वो मंडप में सजी हुई थी
यानी उसका ब्याह हुआ था
और विदाई के टाइम पर
अपना धीरज खोती थी वो
ज़ोर ज़ोर से रोती थी वो
पोलवती के डैडी उसको समझाते थे
तू क्यों रौवे है री बेट्टी
जिसके घर तू जाय रही है
वो रोवैगो

यही एक लाइन...

एक तथाकथित कवयित्री ने
हमें रचना सुनाई
और पूछा, "हुल्लड़ जी पसन्द आई?"
मैंने कहा आपका पूरा का पूरा गीत अच्छा है
हर शब्द रबड़ी का लच्छा है
यदि इस गीत की
पहली पंक्ति हट जाएगी
तो यह रचना
मंच पर सुपर हिट जाएगी
वर्ना पिट जाएगी
वह बोली, इस पंक्ति को तो
मैं नहीं हटा सकती
किसी भी क़ीमत पर नहीं मिटा सकती
दरअसल इसी पंक्ति के कारण ही
गूँज रही मेरे गीत की रणभेरी है
इसमें बाक़ी लाइनें तो
गीत सम्राट गोपाल दास नीरज की हैं
यही एक लाइन तो मेरी है

जोक सुनो भाई जोक (दूसरा भाग)

मरे किसी के बाप तो समझाते थे लोग
होना था सो हो गया, छोड़ो दुःख का रोग
छोड़ो दुःख का रोग हमारा कहना मानो
हम बुजुर्ग हैं हमको अपना अब्बा जानो

फिर उसकी माता मरी, ज्यों आया भूचाल
बोली बूढ़ी औरतें, मत रो मेरे लाल
मत रो मेरे लाल, हमारा कहना मानो
हम ज़िन्दा हैं हमको अपनी माता जानो

जब उनकी पत्नी मरी वह हो गया अनाथ
हाथ छोड़ सब चल दिए, छूटा सबका साथ
छूटा सबका साथ कि अब के कोई न आई
जो यह कहती मत रो मेरे कुँवर कन्हाई
कहाँ गई वो राधा बीना रजिया बानो
एक तो कहती हमको अपनी पत्नी मानो

कौन बनेगा करोड़पति?

जब मैं फोन लगा लगा कर हार गया मेरा हर प्रयास बेकार गया मेरी उँगलियों में दर्द होने लगा मेरा अँगूठा भी उसका साथ देने लगा तो एक रात सपने में मैं अपने वास्तविक नाम सुशील कुमार से कौन बनेगा करोड़पति के शो पर पहुँच गया। वहाँ सुपर स्टार अमिताभ बच्चन की आवाज़ गूँज रही थी सबसे पहले हम फास्टेस्ट फिंगर खेलेंगे इसमें जो जीत जाएगा वह यहाँ मेरे साथ हॉट सीट पर बैठकर कौन बनेगा करोड़पति खेलेगा।

प्रश्न है : ''दलबदलू नेताओं की अधिकता के लिहाज से इन प्रदेशों को क्रम से लगाइए''

ऑपशन्स आर : (A) उत्तर प्रदेश (B) मध्य प्रदेश (C) बिहार (D) हरियाणा।

अब बड़े पर्दे पर देखते हैं कि सही क्रम क्या है।

(D) हरियाणा

(C) बिहार

(B) मध्यप्रदेश

(A) उत्तर प्रदेश

इस सवाल का चार लोगों ने सही जवाब दिया है पर सबसे पहले जवाब दिया मुम्बई के सुशील कुमार ने। तो आइए सुशील जी हम खेलते हैं कौन बनेगा करोड़पति

- सुशील जी आप अकेले ही आए हैं या आपके साथ कोई आया है।
- ❑ जी मेरे साथ फिल्म अभिनेत्री रेखा आई हैं।

● रेखा जी नमस्कार आपका इस शो में स्वागत है। पर आप इस बांगडू के साथ क्यों चली आईं।

❑ मैंने सोचा आप और कहीं तो मिलते नहीं इस शो पर अवश्य मिलेंगे और आपसे मिलकर पुरानी यादें ताज़ा हो जाएँगी।

● आपकी तो पुरानी यादें ताज़ा हो जाएँगी पर घर पहुँचने पर जया मेरा भुर्ता बना देगी। तो आइए हम खेलते हैं कौन बनेगा करोड़पति। सुशील जी यदि आप एक करोड़ जीत गए तो उसका क्या करेंगे?

❑ जी मैं नकली नोट छापने की दस मशीनें खरीदूँगा और जयललिता के साथ अपनी छुट्टियाँ झुमरी तलैय्या में बिताऊँगा और एक हफ्ते के लिए उनके साथ खंडाला ज़रूर जाऊँगा।

● बहुत नेक विचार हैं मेरी ओर से बहुत बहुत शुभकामनाएँ। गेम के रूल तो आप जानते ही हैं। रेखा जी आपके साथ हैं इसलिए उन्हें दोहराऊँगा नहीं।

तो मेरा पहला सवाल एक हज़ार रुपये के लिए यह रहा आपके कम्प्यूटर स्क्रीन पर

● **फिल्म इंडस्ट्री में सबसे नंगा पुंगा हीरो कौन है**

(A) सलमान खान (B) शाहरुख खान (C) संजय दत्त (D) गोविन्दा

❑ जी (A) सलमान खान

● श्योर

❑ श्योर

● कॉनफीडेंट

❑ कॉनफीडेंट

● तो सलमान खान को लॉक किया जाए

❑ इसने हिरन मारे थे तब लॉक नहीं हुआ तो अब क्या होगा

● एकदम सही जवाब आप एक हज़ार रुपये जीत गए हैं

● **दूसरा सवाल दो हजार रुपये के लिए यह रहा आपके सामने–सबसे अधिक खूँखार डाकू कहाँ पाए जाते हैं**

(A) ग्वालियर (B) मुरैना (C) कर्नाटक के जंगलों में (D) दिल्ली की संसद में

❑ जी (D) दिल्ली की संसद में

● श्योर

❑ श्योर

● कॉनफिडेंट

❑ कॉनफिडेंट

● तो इस पर ताला लगाया जाए?

❑ सौ अमिताभ बच्चन एक साथ भी आ जाएँ तो संसद पर ताला नहीं लगा सकते

● एकदम सही जवाब आप दो हज़ार रुपये जीत गए हैं

तीसरा सवाल : तीन हज़ार रुपये के लिए यह रहा आपके कम्प्यूटर की स्क्रीन पर

"अफ़साना लिख रही हूँ दिले बेक़रार का
आँखों में रंग भरके तेरे इन्तज़ार का"

● **यह गीत किस गायिका ने गाया है**

(A) नूरजहाँ (B) लतामंगेश्कर (C) टुनटुन (D) सुरैय्या

❑ जी (C) टुनटुन

● श्योर

❑ श्योर

● कॉनफीडेंट

❑ कॉनफीडेंट

● तो टुनटुन को लॉक किया जाए

❑ टुनटुन आपके इस छोटे से कम्प्यूटर में तो आएगी नहीं चार-छह और मँगाने पड़ेंगे

● सही जवाब आप तीन हज़ार रुपये जीत गए हैं

● **चौथा सवाल : पाँच हजार रुपये के लिए यह रहा आपके सामने। इनमें से कौन सबसे अधिक ज्वलनशील पदार्थ है**

(A) पेट्रोल (B) डीजल (C) ऐश्वर्याराय (D) मिट्टी का तेल

❑ जी (C) ऐश्वर्याराय

● तो ऐश्वर्याराय को लॉक किया जाए?

❑ उसको तो आजकल आपका बेटा लॉक कर रहा है।

● सही जवाब आप पाँच हज़ार रुपये जीत गए हैं।

● पाँचवाँ सवाल : दस हज़ार रुपये के लिए यह रहा आपके कम्प्यूटर की स्क्रीन पर

"सबको उस रजिस्टर पर हाज़िरी लगानी है
मौत वाले दफ़्तर में छुट्टियाँ नहीं होती"

ये शे'र किस शायर ने कहा है–

(A) बशीर बद्र (B) जावेद अख़्तार (C) हुल्लड़ मुरादाबादी (D) निदा फाजली

दोस्तों यहाँ हम लेंगे एक छोटा-सा ब्रेक अपना टेलीविज़न छोड़कर कहीं नहीं जाइएगा। कहीं कोई उठाकर न ले जाए

सुशील जी अब तक आपने अपनी कोई लाइफ लाइन इस्तेमाल नहीं की है।

❑ और कम से कम इस सवाल पर करूँगा भी नहीं इसका सही उत्तर है (C) हुल्लड़ मुरादाबादी

● श्योर

❑ श्योर

● कॉनफीडेंट

❑ कॉनफीडेंट हद से ज़्यादा

● हद से ज्यादा क्यों?

❑ क्योंकि मैं खुद हुल्लड़ मुरादाबादी हूँ सुशील कुमार तो मेरा वास्तविक नाम है।

● छठा सवाल : बीस हज़ार रुपये के लिए यह रहा आपके सामने–यदि कोई घोटाला प्रतियोगिता आयोजित की जाए तो इनमें से प्रथम पुरस्कार किसे मिलेगा।

(A) सुखराम (B) नरसिम्हाराव (C) लालू यादव (D) जयललिता

❑ जी (C) लालू यादव

● तो लालू यादव को लॉक किया जाए

❑ लॉक तो ये पहले भी कई बार हो चुका है और जल्दी ही फिर होनेवाला है। ये तो जेल में ऐसे जाता है जैसे ससुराल जा रहा हो।

● एकदम सही जवाब आप बीस हज़ार रुपये जीत गए हैं।

● सातवाँ सवाल : चालीस हज़ार रुपये के लिए–यदि किसी सरकारी अस्पताल का डाक्टर ऐन ऑपरेशन के समय ग़ायब हो जाए तो ढूँढ़ने पर वह कहाँ पाया जाएगा दा ऑपशन्स आर

❑ इसमें ऑपशन्स की जरूरत ही नहीं है। ख़ूबसूरत नर्स के क्वार्टर में पाया जाएगा। मैं बीस साल तक सरकारी अस्पताल में कंपाऊंडर रह चुका हूँ ढूँढ़कर तो मुझे ही लाना पड़ता था

● आठवाँ सवाल अस्सी हजार रुपये के लिए यह रहा आपके सामने–प्यार में असफल एक निराश प्रेमी अपनी ज़िन्दगी कैसे गुज़ारेगा

(A) आत्महत्या कर लेगा (B) शराब पी पीकर पागल हो जाएगा (C) कवि बन जाएगा (D) किसी दूसरी जगह ट्राई मारेगा

❑ (C) कवि बन जाएगा

● तो कवि को लॉक किया जाए

❑ बहुत से लोग यदि कवि नहीं होते तो आजकल लॉकअप में ही होते

● सही जवाब आप अस्सी हज़ार रुपये जीत गए हैं

● नवाँ सवाल : तहलका डॉट कॉम में दिखाए गए रक्षा सौदों के दलाल जेल की हवा कब तक खाएँगे

(A) 1 साल में (B) दो साल में (C) अगले जनम में (D) कभी नहीं।

अमिताभ बच्चन : कम्प्यूटर जी कृपया इनमें से दो ग़लत जवाब मिटा दें (A) 1 साल में (B) 2 साल में मिटा दिए गए। अब रह गए (C) अगले जनम में और (D) कभी नहीं।

❑ जी मैं पब्लिक की मदद चाहूँगा।

● 80% लोग कह रहे हैं कभी नहीं और 20% कह रहे हैं अगले जनम में। आप किसके साथ जाना चाहेंगे।

❑ मैं पब्लिक के साथ जाना चाहूँगा। मेरा जवाब है (D) कभी नहीं।

● आप भी सही पब्लिक भी सही, आप एक लाख साठ हजार जीत गए हैं।

● दसवाँ सवाल : तीन लाख बीस हज़ार के लिए। अगर कोई नेता किसी कुत्ते को काट खाए तो कुत्ते के कितने इंजेक्शन लगेंगे

(A) 11 (B) 12 (C) 13 (D) एक भी नहीं

❑ जी (D) एक भी नहीं। जब तक कम्पाऊंडर इंजैक्शन लेकर आएगा कुत्ता मर चुका होगा।

● सही जवाब आप तीन लाख 20 हज़ार रुपये जीत गए हैं

ग्यारहवाँ सवाल : छ लाख 40 हज़ार रुपयों के लिए। यदि राजधानी एक्सप्रेस डेढ़ सौ मील प्रति घंटे की रफ़्तार से चलती है तो बताओ प्रश्नकर्ता की उम्र क्या है

(A) 55 साल (B) 56 साल (C) 57 साल (D) 58 साल

❑ जी (D) 58 साल। दरअसल हमारे पड़ोस में एक लड़का रहता है वो भी ऐसी बातें करता है उसकी उम्र 29 साल है और वो आधा पागल है

● सही जवाब आप जीत चुके हैं छ लाख 40 हज़ार रुपये। और अब अगला सवाल।

● बारहवाँ सवाल : बारह लाख 50 हज़ार रुपयों के लिए ये रहा आपके कम्प्यूटर स्क्रीन पर। मुम्बई के वरसोवा समन्दर में कितनी मछलियाँ हैं?

(A) 5662 (B) 6662 (C) 7762 (D) 8862

❑ जी (C) 7760

● उत्तर तो आपका सही है पर इसमें दो मछलियाँ कम क्यों हैं?

❑ जी दो मछलियाँ कल मैं निकाल लाया था

● तेरहवाँ सवाल पच्चीस लाख रुपये के लिए यह रहा आपके सामने। दिन ब दिन जम्मू काश्मीर में जो नृशंस हत्याकांड होते हैं उन्हें देखकर जम्मू कश्मीरवासी कितने आँसू बहाते हैं?

(A) 1 लिटर (B) 2 लिटर (C) 3 लिटर (D) एक भी नहीं

❑ जी (D) एक भी नहीं

● क्योंकि रोज़-रोज़ के सदमों से आँखों के आँसू भी सूख जाते हैं अमिताभ जी।

● **चौदहवाँ सवाल पचास लाख रुपयों के लिए ये रहा आपके कम्प्यूटर स्क्रीन पर।**

किसी काकटेल पार्टी में आप कितने पैग पीकर लड़खड़ाने लगेंगे

(A) 1 पैग (B) 2 पैग (C) 3 पैग (D) 4 पैग

❑ जी (A) 1 पैग। पाँच पेग तो लोग अमूमन घर से ही पीकर चलते हैं

● सही जवाब आप पचास लाख रुपये जीत गए हैं

● **पन्द्रहवाँ सवाल : एक करोड़ के लिए यह रहा आपके कम्प्यूटर स्क्रीन पर चंदन तस्कर वीरप्पन की मूँछों में कितने बाल हैं**

(A) 588 (B) 688 (C) 788 (D) 888

❑ जी मैं फोन-फ्रेंड का इस्तेमाल करना चाहता हूँ।

किससे बात करेंगे आप?

'वीरप्पन से'

वीरप्पन को आप कैसे जानते हैं

जी मैं उनका भूतपूर्व बन्धक रह चुका हूँ

फिर उसके चंगुल से छूटे कैसे

जी पाँच ग़ज़लें इकट्ठी सुना दी थी

कम्प्यूटर जी कृपया वीरप्पन को फोन लगाया जाए

● हैलो वीरप्पन जी मैं कौन बनेगा करोड़पति से अमिताभ बच्चन बोल रहा हूँ।

❑ लगता है अब मुझे मुम्बई आना ही पड़ेगा। राजकुमार को तो मैंने छोड़ दिया है उसके बाद तेरा नम्बर लगाना ही पड़ेगा

● जब गीदड़ की मौत आती है तो वह शहर की तरफ भागता है। फिलहाल तो आपके एक भूतपूर्व बन्धक सुशील कुमार मेरे पास हॉट सीट

पर बैठे हैं। एक प्रश्न है उसके चार उत्तर है जिसमें से तीन ग़लत हैं एक सही है। आपको सही उत्तर बतलाना है इसके लिए आपको दिए जाएँगे तीस सैकंड। अगली आवाज़ जो आप सुनेंगे वो आपके भूतपूर्व बन्धक की होगी।

● वीरप्पन जी कृपया बतला दें कि आपकी मूँछों में कितने बाल हैं

(A) 588 (B) 688 (C) 788 या (D) 888

❑ कहाँ मर गया गोपालन वह गिनता रहता है। जल्दी बता मेरी मूँछों में कितने बाल हैं

● जी 788

❑ जी मेरा जवाब भी यही है (C) 788

आप भी सही, गोपालन भी सही, बधाइयाँ आप एक करोड़ रुपये जीत गए हैं।

नोट : जब मैं यह रचना एक कविसम्मेलन में सुना रहा था तो एक श्रोता बोला : ''कमाल कर दिया आप एक करोड़ जीत गए।'' मैंने कहा, ''सपने में भी नहीं जीतता तो कब जीतता। मेरे कहने का मतलब यह है कि सपना देखो तो करोड़ों का देखो दस बीस हज़ार की टुच्ची रकम का सपना देखने का क्या फ़ायदा

साल आया है नया

यार तू दाढ़ी बढ़ा ले साल आया है नया
नाई के पैसे बचा ले, साल आया है नया

तेल कंघा पाऊडर के ख़र्च कम हो जाएँगे
आज ही सर को घुटा ले साल आया है नया

चाहता है तू हसीनों से अगर नज़दीकियाँ
चाट का ठेला लगा ले साल आया है नया

जो पुरानी चप्पलें हैं मंदिरों के पास रख
कुछ नए जूते चुरा ले, साल आया है नया

मैं अठन्नी दे रहा था तब भिखारी ने कहा
तू यहीं चादर बिछा ले साल आया है नया

दो महीने बर्फ़ गिरने के बहाने चल गए
आज तो हुल्लड़ नहा ले, साल आया है नया

भूल ना शिकवे शिकायत ज़ख़्म पिछले साल के
साथ मेरे मुस्करा ले, साल आया है नया

दौड़ में यश और धन की जब पसीना आए तो
'सब्र' साबुन से नहा ले, साल आया है नया

मौत से तेरी मिलेगा फ़ैमिली को फ़ायदा
आज ही बीमा करा ले, साल आया है नया

क्रिकेट

जैसे क्रिकेट में
यह महत्वपूर्ण
नहीं है
कि आप विकेट पर कितनी देर टिकें
असली बात तो यह है
कि आपने रन कितने बनाए
अपने देश के कितने काम आए?
जो सर्वसमर्थ होकर भी
ग़रीबों के चार आँसू भी नहीं पीता है
चार दिन भी उनके लिए नहीं जीता है
वह आदमी होते हुए भी
जानवरों से भी गया बीता है
आजकल तो खिलाड़ियों से पूछते हैं यह बताइए
कि आपने मैच कितने फिक्स कराए
कितने बुकियों से सम्पर्क साधा
कितने सटोरियों से किया आधा आधा
आजकल क्रिकेट खिलाड़ी का होनेवाला ससुर
पूछता है
अपने मोबाइल पर किस किस बुकी का
नम्बर घुमाते हो
किस किस बुकी के घर पर जाते हो
किस किस सट्टेबाज को होटल में बुलाते हो
जो क्रिकेट का खिलाड़ी

एक भी मैच फिक्स नहीं करा पाता है
वह अपने साथ देश का नाम भी डुबाता है
पर मेरा इस मामले में
अलग विचार है
क्रिकेट खिलाड़ियों तुम्हें धिक्कार है
देश ने तुमको क्या नहीं दिया
कोठियाँ दी, कारें दीं, इज़्ज़त दी पैसा दिया
शोहरत दी, तेरी हर उँगली को
हीरो से मढ़ा है
पर अफ़सोस की बात तो यह थी कि तब भी तू
सट्टेबाज़ों के सामने कटोरा लिए खड़ा है।

संशोधित सस्पैंस रचना

सुनसान मोड़ से
जैसे ही मैंने
कार को आगे बढ़ाया
एक लड़की ने लिफ्ट लेने के लिए
हाथ हिलाया
मैंने सोचा खिला हुआ चाँद
और एक लड़की का साथ
हम तो तर गए द्वारका नाथ
वह भी सुन्दर और अकेली
लेकिन समझ में नहीं आई यह पहेली
मैंने पूछा कहाँ जाना है आपको?
वो बोली मुम्बई सेन्ट्रल के पास
'चिंचपोकली'
अन्दर से तो मैं मन ही मन हर्षाया
लेकिन ऊपर से मैंने उसे भाषण पिलाया
इतनी रात गए आपको अकेले नहीं घूमना चाहिए
ज़माना ख़राब है सावधान
रहना चाहिए
आप लग रही हैं बदहवास
बाल ज़िन्दगी के समान उलझे हुए
और आँखें
एक बेरोज़गार की तरह उदास
गाल ईमानदारी के समान

धसक रहे हैं
और होंठ कश्मीर समस्या की तरह
कसक रहे हैं
वो बोली लगता है आप कोई नेता हैं?
हमने कहा नहीं हम कवि है।
इतना सुनते ही वह ऐंठ गई
मुझसे और भी सटकर बैठ गई
मैंने प्रोत्साहित होकर पूछा
"कल संध्या समय आपका क्या कार्यक्रम है
यदि आपको आपत्ति न हो
तो जुहू भ्रमण के लिए चलेंगे
रात्रि में कोई आंग्ल सिने चित्र देखेंगे
वह बोली, आपका परिचय
मैंने कहा मैं हूँ 'हुल्लड़ मुरादाबादी
हिन्दी सेवी'
उसने मेरे सीने पर
पिस्तौल रखते हुए कहा "और मुझे
कहते हैं महिला पुलिस इंस्पेक्टर
कुमारी ज्वाला देवी"
तूने बहुत सी लड़कियों को
कार में घुमाया है
आज पकड़ में आया है
तू तो मुझे कल जुहू घुमाएगा
परन्तु मैं तो तुझे आज ही थाने ले जाऊँगी
तूने तुझे शृंगार रस की रचनाएँ सुनाई है
मैं तुम्हें वीर रस की सुनाऊँगी
थाने पहुँचकर मैंने क़सम खाई
कि आइन्दा किसी लड़की को गाड़ी में
नहीं बिठा ऊँगा
और सबसे पहले यह ताज़ी रचना

कु. ज्वालादेवी को सुनाऊँगा
सुनाई
और उसे बहुत पसन्द आई
वो बोली थाने में बैठकर तो आप
बहुत अच्छा लिखते हैं
आठ दस दिनों के लिए यही रह जाइए न
अच्छा एक ऐसी ही और सुनाइए न
नहीं तो फोन करके आपकी घरवाली को
यहीं बुलवा लूँगी
और उसके सामने आपको हथकड़ी लगा दूँगी
मैंने कहा, "लेकिन मैं तो अभी कुँवारा हूँ
क़िस्मत का मारा हूँ"
वो बोली मुझे मालूम है फिर भी
कन्फर्म कर रही थी
दरअसल जब आपके विवाह का
विज्ञापन अखबार में आया था
तो मैंने भी अपना प्रस्ताव भिजवाया था
जब आपका कोई उत्तर नहीं आया
तो मैंने यह फार्मूला अपनाया
अब आप भी कुँवारे
और मैं भी कुँआरी
मैं आपकी जयललिता
आप मेरे अटल बिहारी
मैंने कहा, अरी कन्या, तू मुझसे शादी
का इरादा छोड़ दे
जयललिता की तरह तेरा भी क्या भरोसा?
जाने कब गठबन्धन तोड़ दे

तहलका डॉट कॉम

तहलका इनको मचाने की ज़रूरत क्या थी
मेरी सरकार हिलाने की ज़रूरत क्या थी
अगर कुछ लोग गड़बड़ थे तो उनको मैं सज़ा देता
फिल्म टीवी पे दिखाने की ज़रूरत क्या थी
झाँककर देखते पहले वो गिरेबाँ अपना
बेवफ़ा हमको बताने की ज़रूरत क्या थी
यदि था पार्टी का धन तो उसको चैक से लेते
जेब में कैश घुसाने की ज़रूरत क्या थी
अटल जी दाल में काला अगर होता नहीं तो
नाक लक्ष्मण को कटाने की ज़रूरत क्या थी

एक महबूबा का ख़त अपने आशिक़ के नाम

इश्क़ को इस तरह भी निभाया करो
हुस्न के सामने हिनहिनाया करो

रेल में गार्ड हैं मेरे अब्बा मियाँ
तुम विदाउट टिकट आया जाया करो

दिल की किरकेट में जीतना है अगर
हरभजन जैसी फिरकी घुमाया करो

है पता तुमने हिन्दी में एम.ए. किया
मेरे भाई को ट्यूशन पढ़ाया करो

इस बहाने मुलाक़ात हो जायेगी
रोज़ आया करो रोज़ जाया करो

सिर्फ तनख़्वाह से ब्याह मुमकिन नहीं
तुम ग़रीबी से ही दिल लगाया करो

मैं दुल्हिन बनके डोली में आ जाऊँगी
रेगुलरली अगर घूस खाया करो

हम नहीं बेचते अपने ईमान को
तुम समय व्यर्थ ही मत गँवाया करो

चाहते हो अगर मुझसे नज़दीकियाँ
लक्स साबुन से डेली नहाया करो

हास्य कवियों को भेजो नहीं चिट्ठियाँ
गीतकारों को उल्लू बनाया करो

अबे तू रोता क्यों है?

दिल किताबों से लगा ले, अबे तू रोता क्यों है
चार छह ग़ज़लें चुरा ले, अबे तू रोता क्या है

मीर ग़ालिब टोकने को आ नहीं सकते यहाँ
फायदा इसका उठाले, अबे तू रोता क्यों है

चांस टी.वी. चैनलों पर ना मिला तो क्या हुआ
रेडियो पर कान खाले, अबे तू रोता क्यों है

ग़ैर को खुशियाँ मिली तो लग गयी मिर्चें तुझे
मर्द है तो मुस्करा ले, अबे तू रोता क्यों है

ईश्वर है बाप तेरा वो कोई दुश्मन नहीं
दे सज़ा तो खिलखिलाले, अबे तू रोता क्यों है

उस खुदा ने जो दिया है यार उसकी क़द्र कर
दाल है तो दाल खा ले अबे तू रोता क्यूँ है

आज को बेहतर बनाने के लिए ये शर्त है
भूत से पीछा छुड़ा ले, अबे तू रोता क्यों है

कब्र में जो घुस गया वो आएगा बाहर नहीं
ज़ोर कितना ही लगा ले, अबे तू रोता क्यों है

तीन मुक्तक

जीतो छप्पड़ फाड़ के

पक्की छत का जोश में, तुड़वा दिया मकान
उस पर छप्पर डाल के, सोए चादर तान
लेकिन छप्पर ना फटा, हुआ बहुत नुक़सान
ये तूने क्या कर दिया, बता मेरे भगवान

आज़मा के देख ले

वो घटा वो ही घटेगा, वक़्त ने जो लिख दिया
एक अक्षर ना मिटेगा आज़मा के देख ले
वक़्त के हर फ़ैसले को सिर झुकाकर मान ले
वर्ना क़ुदरत से पिटेगा, आज़मा के देख ले

तुम यह दुनिया छोड़ दो

मुम्बई है क्या तुम्हारे बाप जी की मिल्कियत?
किसलिए मुझसे कहा के इस शहर को छोड़ दो
है समय का क्या भरोसा हो न जाए ये कहीं
मैं तो घर छोड़ूँ नहीं, तुम ये दुनिया छोड़ दो

दोहे

आँसू अपनी आँख में, मत करना आबाद
समझो माँ की मार को उसका आशिरवाद

देख तरक़्क़ी ग़ैर की, काहे भया उदास
जो है तेरे भाग्य में, नहीं है उसके पास

भला छिपा होगा कोई, समझो मत अँधेर
होती है यदि कार्य में, हो जाने दे देर

नगर नगर रोते मिले, गीत ग़ज़ल के छन्द
कवि सम्मेलन हो गए, लेन देन सम्बन्ध
चल रही ठेकेदारी
बने कविगण व्यापारी

बिन संयम सिद्धि ना मिलती, दुख होत न ज्ञान
बिना कर्म के ज्ञान ज्यों, खड्ग बिना हो म्यान

वर्तमान ही करेगा, सपनों को साकार
साध लिया जिसने इसे, उसका बेड़ा पार

भूतकाल में जो घटा उसको कर स्वीकार
अलग बात है के तुझे, जीत मिली या हार

अब भविष्य फल के लिए, रहना तुम तैय्यार
क़ुदरत के क़ानून से, मत करना तकरार
कवि ने बात कही है
समय का न्याय सही है

इस क्षण का कर लीजिए, जमकर अमृतपान
अगले पल का क्या पता हों ना हों यह प्रान

भूतकाल है क़ब्र में, है भविष्य अनजान
वर्तमान को साध ले, तब होगा कल्यान

माँगने से कुछ नहीं मिलता यहाँ
ये मेरा अनुभव रहा है दोस्तो
आरज़ू जब छोड़ दी मंज़िल मिली
ये बुजुर्गों ने कहा है दोस्तो

ठीक न हो पायेगा

वक्त तो इक आइना है, असलियत दिख लायेगा
ये कोई सूरज नहीं जो शाम को ढल जायेगा

जो स्वयं के भाग्य से ही अब तलक अंजान है
दूसरों की किस्मतों को किस तरह पढ़ जायेगा

यह करेगा वह करेगा सोचता है आदमी
पर उसे करना पड़ेगा, जो समय करवायेगा

वक्त सम्पादन करेगा आपके हर काम का
कट कटाकर जो बचेगा, भाग्य वो कहलायेगा

हादसों को दोष मत दे हादसे वरदान हैं
झेल लेगा ग़र इन्हें तो बादशाह हो जायेगा

कम नहीं है शहनशाह से शायरों की शान भी
आपके कहने से वो बंधुआ नहीं हो जायेगा

किसलिये इतरा रहा है कीमती कालीन पर
वक्त टेढ़ा हो गया तो रोड पर आ जायेगा

नीम जो बोता रहा है दोस्ती के नाम पर
उम्र भर लंचों डिनर में वो करेले खायेगा

ये अहम का रोग 'हुल्लड़' कैंसर का बाप है
ये किसी भी डाक्टर से. ठीक न हो पायेगा

मुक्तक

1. तुम्हारी प्रेरणा के स्वर मुझे रोने नहीं देते
कि टांका ग़ैर से मेरा यह फिट होने नहीं देते
तुम्हारे प्यार के सपने कहाँ है अपनी किस्मत में
तुम्हारी याद के मच्छर मुझे सोने नहीं देते

2. हमारे दर्द की तो दास्तां, काफी पुरानी है
कभी है आग दिल में तो, कभी आखों में पानी है
लड़ाई गर्दिशों के दौर से है अब तलक जारी
न उसने हार मानी है न मैंने हार मानी है

3. कौन है मुल्क में ग़मज़दा जो नहीं
कौन है ऐश्वर्य पर फिदा जो नहीं
उसने लिखकर दिया, पर ग़लत हो गया
ज्योतिषी है वो कोई खुदा तो नहीं

एक और मुक्तक

ग़म खुशी का एक घर है जिन्दगी
मौत तक इसमें बसर है जिन्दगी
चाहे रोके या कि हंस के काट ले
चंद सांसों का सफर है जिन्दगी

मोबाइल फोन

पड़ोसियों को दिखाने के लिए
मैंने अपने टौमी को
एक मोबाइल फोन दिलवाया
उसके गले में लटकाया
एक दिन मेरे कुछ विरोधी मुझसे मिलने
मेरे घर आये
मेरी ही चाय पीकर मुझ पर ही गुर्राये
मैने टौमी को मैसेज भेजा जल्दी आओ
और इनको काट खाओ
पर वह नहीं आया तो मैं चकराया
मैंने उसे फिर मैसेज भेजा
यह तूने किस जन्म का बदला चुकाया है
उसका मैसेज मिला ''मोबाइल तो आपका ही है
पर इसमें सिमकार्ड आपके दुश्मनों ने डलवाया है

कुछ और दोहे

1. सफर रेल का आजकल, कैसे दृश्य दिखाय
मंजिल चाहे यात्री, मगर मौत मिल जाय

2. कलम स्वयम् रोने लगी, नैनन नीर बहाय
दुनिया का दुःख दर्द अब इससे लिखा न जाय

3. पीड़ा आंसू बन गयी अंतर में अकुलाय
दर्द जिया तो जाय पर, दर्द पिया ना जाय

4. कहने वाले जगत में बहुत मिले है मोय
कर्म कसौटी पर मगर, खरा न उतरा कोय

5. अपना रुतबा देखकर काहे को इतराय
पता नहीं कब किस समय, का घटता जाय?

6. यश, धन, वैभव भूल जा, भूल जांत और पांत
लेकिन सारी जिन्दगी, याद रखो औकात

7. ऊपर वाला आपको गहरी नींद सुलाय
अगर दूसरे दिन कहीं, सुबहा नहीं उठाय
तो उसका का कर लोगे?

8. ज़रा ज़रा सी बात पर, होगा जो गंभीर
पर्वत सी बन जायेगी राई जैसी पीर

9. तुझको यश जो कम मिला, तो काहे को रोय
हरिक फिल्म का ऐक्टर, अमिताभ न होय

10. हुस्न हमारा शेर में, रचकर किया धमाल
मैं तो तुम पर मर मिटी मेरे प्यारे लाल

11. आज तेरे अश्आर से, मैं तो हुई हलाल
हुल्लड़ अंकल आपने, सचमुच किया कमाल

12. भूल न जाओ तुम कहीं, अपनी यह औकात
किस्मत प्रतिदिन मारती, तुम्हें लात पर लात

मैं भी सोच तू भी सोच

टूट गयी क्यों तुझसे यारी, मैं भी सोचूं तू भी सोच
क्यों इस दिल पर गोली मारी, मैं भी सोचूं तू भी सोच

आप हमारी बरबादी पर न हंसते तो अच्छा था
आज मेरी कल तेरी बारी, मैं भी सोचूं तू भी सोच

ग़म तो हैं मेहमान सभी के घर पर आता जाता है
ग़म की सबसे रिश्तेदारी, मैं भी सोचूं तू भी सोच

जब जब प्यार किया है हमने, तब तब धोखा खाया है
नफरत ने तकदीर संवारी, मैं भी सोचूं तू भी सोच

जिसको वक्त मिटा देता है वो रंजिश क्या रंजिश है?
रंजिश रहे मौत तक जारी, मैं भी सोचूं तू भी सोच

जब तक कुर्सी पर बैठा है तब तक ही तू राजा है
हट जाने पर पुनः भिखारी, मैं भी सोचूं तू भी सोच

मैं भी कड़का, तू भी कड़का, फिर क्या लड़ना आपस में
दोनों पर है चढ़ी उधारी, मैं भी सोचूं तू भी सोच

बीत गया वो वक्त पुराना, अब क्या उसके ज़ख्म गिनाता?
नये साल की कर तैयारी, मैं भी सोचूं तू भी सोच

गणपति बप्पा मोरिया

गांधी बाबा रामघाट में
सुबक सुबक कर रोरिया
औरों को भेजा विदेश में
स्वयम् हो गये ढेर
लालच में मारे गये मेंहदी श्री दिलेर
पटियाला में अब अंडो से
उनका स्वागत हो रिया
गणपति बप्पा मोरिया

दिलेर मेंहदी उवाच

साडे नाल रहोगे तो घास खाओगे
मेरे भाई जैसे तुम भी जेल जाओगे
उसी जेल में अब मेरा भी इंतजार है होरिया
गणपति बप्पा मोरिया

ज़रा सामने तो आओ छलिये
छिप छिप छलने में क्या राज़ है
अब छिप न सकोगे दिलेर जी
पुलिस वालों की यह आवाज़ है
लाख तुम्हारे मुख से नारे नारे हो रिया
गणपति बप्पा मोरिया

हास्य व्यंग्य कवि हुल्लड़ मुरादाबादी से बातचीत

रोज़ कुछ टाइम निकालो मुस्कराने के लिए

वार्ताकार कु. शिल्पा श्रीवास्तव, लखनऊ

उन्हें लोग कवि सम्मेलनों का एक विशिष्ट कवि मानते हैं उनके बग़ैर हर हास्य कवि सम्मेलन अधूरा-सा माना जाता है। हास्य व्यंग्य विधा के इस श्रेष्ठ कवि को हम सुशील कुमार चड्ढा उर्फ हुल्लड़ मुरादाबादी के नाम से जानते हैं।

हास्य-व्यंग्य को ग़ज़ल के अन्दाज में ढालकर हुल्लड़ ने समयगत सच्चाइयाँ बयान की है। इनकी कविताएँ लाखों लोगों की ज़बान पर हैं जो ऐसे कवि हैं जिन्हें श्रोताओं की बेइन्तहा मोहब्बत मिली है। इनके शे'र जितने हँसाने में सक्षम हैं उतना ही गम्भीर चिन्तन की ओर भी विवश करने में बाध्य करते हैं।

हुल्लड़ जी को यूँ तो कई पुरस्कारों से नवाज़ा गया पर उसमें लखनऊ माध्यम द्वारा दिया गया इक्कीस हजार का अट्टहास शिखर पुरस्कार एक अलग स्थान रखता है। साथ ही साथ उज्जैन में श्रद्धेय डॉ. शिवमंगल सिंह सुमन द्वारा 1 अप्रैल 99 को टेपा पुरस्कार मिलना एक महान उपलब्धि गिना जाएगा। यहाँ प्रस्तुत हैं उनसे हुई बातचीत के कुछ अंश :

हास्य व्यंग्य की कविताओं का उद्देश्य क्या है?

मकसद तो सभी कविताओं का एक सा ही होता है

"आत्मा की आँख से देखो ज़रा
बूँद में सागर छिपा है दोस्तो"

मेरे कहने का तात्पर्य है आनन्द की उपलब्धि, रस चाहे कोई भी हो।

क्या हास्य रस की रचनाओं का प्रभाव दीर्घकालिक होता है?

क्यों नहीं? स्थायी मूल्यों पर लिखी गई रचनाओं का प्रभाव दीर्घकालिक होता है। हाँ मंच पर पढ़ी जानेवाली अधिकांश रचनाएँ सामयिक होने के कारण बाद में भुला दी जाती हैं। एक स्थायी मूल्यों पर आधारित रचना का एक शे'र क़ाबिले गौर है :

"सबको उस रजिस्टर पर हाज़िरी लगानी है
मौत वाले दफ़्तर में छुट्टियाँ नहीं होती"

अच्छा हुल्लड़ जी क्या दूसरों को हँसाना इतना आसान है?

आजकल के ज़माने में दूसरों को रुलाना बहुत आसान है और दूसरों को हँसाना बहुत मुश्किल है दूसरों को हँसाना एक कला है, एक सौग़ात है, एक विशिष्ट उपलब्धि है जो ईश्वर द्वारा किसी किसी को प्रदान की जाती है।

दोस्त जंगल में गया हाथ गँवाकर लौटा
शेर को घास खिलाने की जरूरत क्या थी
कि चव्वन रन बनाने थे तो घर पर ही पड़े रहते
शारजा आपको जाने की ज़रूरत क्या थी?

इसलिए अन्त में मैं कहना चाहूँगा—

ज़िन्दगी में ग़म बहुत हैं हर क़दम पर हादसे
रोज़ कुछ टाइम निकालो मुस्कराने के लिए

विशेष आभारी

कविवर श्री कृष्ण बिहारी नूर, डॉ. ब्रजेन्द्र अवस्थी
कविवर श्री गोपाल दास 'नीरज' अलीगढ़
कविवर प्रो. महेन्द्र प्रताप, मुरादाबाद
सुप्रसिद्ध शायर हिलाल स्योहारवी, स्योहरा जिला बिजनौर
सुप्रसिद्ध शायर दिलकश आफ़रीदी, मुरादाबाद
सुप्रसिद्ध शायर मंसूर उस्मानी, मुरादाबाद
सुप्रसिद्ध शायर कृष्ण कुमार नाज़, मुरादाबाद
सुप्रसिद्ध शायर सतीश फिगार
सुप्रसिद्ध कवि डॉ. कुँअर बेचैन, ग़ाज़ियाबाद
सुप्रसिद्ध कवि डॉ. उर्मिलेश, बदायूँ

और अन्त में, जिनका नाम सबसे पहले होना चाहिए था, हास्य व्यंग्य की लोकप्रिय ग़ज़लों, जनकविता को पाठकों के सामने लानेवाले जिनके सहयोग से यह काव्य-संग्रह आपके सामने आ सका श्री अरुण माहेश्वरी।